THINK
기초양육

신앙생활 기초 가이드
신앙생활 스타트! 나를 부르신 주님

'THINK 기초양육'은 교회에 처음 온 초신자 및 기존의 신자 중에서도 아직 세례를 받지 않았거나 기독교에 대한 기초 교리를 배우고자 하는 분을 대상으로 합니다. 'THINK 기초양육'은 지식을 쌓기 위한 성경 공부가 아니라 자신의 가치관을 바꾸는 훈련입니다. 주님을 알기 전에 우리는 자기중심적인 생각을 합니다. 사건마다, 사람마다 자기 입장에서 생각하기에 다른 사람을 이해하지 못하고, 원망과 불평의 올무에 갇히기 쉽습니다. 그러나 주님은 나 한 사람의 구원을 위해 이 세상의 모든 환경을 움직이셨을 뿐만 아니라 오랜 시간 기다려 주시고 자신의 생명까지 내어 주셨습니다. 이런 주님을 만나게 된 사람은 매 순간 '예수님이라면 나와 같은 상황에서 어떻게 하실까?' 하고 생각하게 됩니다.

'생각'(think)을 잘못하면 '가라앉게'(sink) 되고, '탱크'(tank)처럼 자기 열심으로 밀어붙이게 됩니다. 내 생각에 치우치지 않고 예수님처럼 생각하려면 말씀으로 오신 주님을 만나야 합니다. 큐티는 말씀 묵상을 통해 내 생각과 욕심을 가지치기하는 훈련입니다. 성경을 구속사적인 관점으로 보면서 아브라함을 비롯한 수많은 믿음의 조상들의 삶에 자신을 투영시켜 조명하는 것입니다. 그러면서 자신의 죄를 발견하고 주님의 은혜 없이는 살 수 없는 존재임을 깨달으며, 매일 새롭게 거룩한 사람으로 창조해 가는 신앙 훈련입니다. '생각'(think)을 바르게 하면, 어떤 환경에서도 '감사'(thank)가 나오고, 큐티의 궁극적인 목적인 영혼 구원의 사명을 발견하는 데까지 이르게 됩니다.

이렇게 말씀 앞에 겸손히 자신을 직면하고 하나님의 주권을 인정하면 나의 구원을 위해 어떤 것도 버릴 것이 없음을 깨닫게 됩니다. 말씀 안에서 '나'와 다른 '너'를 이해하고 받아들이며, 상대방의 사건을 주님의 마음으로 깊이 체휼하고, 십자가 지는 사랑으로 나아가게 됩니다. 이렇게 영혼 구원을 목적으로 이타적인 삶을 소망하는 사람들이 모인 공동체는 은혜와 구원의 통로로 쓰임받게 됩니다.

'THINK 기초양육'은 총 여섯 가지 주제로 구성되어 있으며, 과마다 'THINK'의 원리로 진행됩니다.

첫 번째 단계는 '마음 열기'(Telling, 텔링)입니다.

THINK의 첫 시작, 마음 열기는 예수님을 초청하는 시간입니다. 내 삶이 예수님과 어떤 연관이 있는지 생각하면서 마음 문을 열어 봅니다. 예수님은 의인을 찾으러 오신 것이 아니라 죄인을 부르려고 오셨습니다. 예수님을 초청한다는 것은 내 죄를 고백하는 것이기도 합니다. 마음 열기는 주제와 관련된 짧은 글을 읽고서 내 생각을 이야기합니다.

두 번째 단계는 '말씀 읽기'(Holifying, 홀리파잉)입니다.

우리는 스스로 거룩해질 수 없습니다. 오직 말씀이신 예수님(요한복음 1:14)을 만나야만 삶이 거룩해집니다. 말씀을 읽을 때는 성령의 감동을 구해야 합니다(디모데후서 3:16). 과마다 주제에 해당하는 질문과 그와 관련된 성경 구절이 있습니다. 그 성경 구절을 읽으면서 해당 질문에 대해 포괄적인 묵상을 하게 됩니다.

세 번째 단계는 '해석하기'(Interpreting, 인터프리팅)입니다.

우리는 예수님을 영접해도 각자 살아온 방식이 있어서 자기 생각으로 예수님을 만나려고 합니다. 그러나 내 생각에 예수님의 생각을 맞추는 것이 아니라 내 생각을 내려놓고 나를 만나 주신 예수님의 생각을 알아 가야 합니다. 그래야 말씀을 구속사로 해석할 수 있습니다. 말씀을 구속사로 해석하는 것은 옳고 그름을 논하는 것이 아니라 하나님의 관점, 곧 구원의 관점으로 성경을 보는 것입니다. 각 과의 '해석하기'는 성경을 구속사적인 관점으로 보고 생각하는 데 큰 도움이 될 것입니다.

네 번째 단계는 '돌아보기'(Nursing, 널싱)입니다.

말씀으로 주님을 만나고 하나님의 관점으로 해석한 다음에는 스스로 말씀을 깨닫는 훈련을 해야 합니다. 과마다 해당 주제와 연관된 적용 질문이 있습니다. 적용 질문에 대해 생각하고 나누면서 나 자신을 돌아봅니다. 말씀 적용을 통해서 주제를 좀 더 명확하게 이해하게 됩니다. 말씀이 깨달아지면 손과 발, 시간과 물질이 가는 구체적인 '적용'을 하게 되고, 다른 사람을 돌보며 공동체를 섬기는 데까지 나아가게 됩니다.

마지막 단계는 '살아내기'(Keeping, 키핑)입니다.

깨달은 말씀을 마음에 새기고 실제적인 삶을 살아낼 때, 자신과 가정, 공동체를 지킬 수 있습니다. 각 과에 따른 성구 암송을 하고, 요약된 교리를 읽으며 주제를 정리해 봅니다. 말씀을 기억하고 그날의 말씀으로 살아가는 삶이야말로 가정과 공동체를 중수하는 길입니다.

이렇게 'THINK 기초양육'을 통해 기독교의 기본 교리를 이해하고 하나님, 죄와 십자가, 믿음, 예배, 성경과 기도, 교회에 대해 묵상하고 나눔으로써 그리스도인의 삶에 대해 실제적으로 배우게 됩니다.

끝으로, 생각이 넘쳐 나는 이 시대에 'THINK 기초양육'을 통해 내 생각을 버리고 예수님의 생각을 구하며 그분의 뜻에 따라 최소한의 순종을 할 수 있는 은혜가 임하기를 간구합니다. 무너진 영적 질서가 바로 세워지고 관계가 회복되며, 자신과 가정, 공동체를 중수하는 여러분이 되시기를 주님의 이름으로 축원합니다.

큐티엠 대표

THINK 양육 개관

THINK 기초양육 (6주)

기독교의 기본 교리를 배우는 과정으로, 세례 교육 과정을 포함합니다. 세례를 받기 위해서는 이 과정을 반드시 수료해야 하며, THINK 양육을 받기 전에 기초를 다지게 됩니다. 매주 6주 과정이 쉬지 않고 순환하여 진행되므로 언제든 양육을 시작할 수 있습니다.

THINK 양육 (10주)

교회 등록 후 3개월이 지난 세례교인이 소그룹 리더(소속 목장의 목자)의 추천을 받아 신청합니다. 10주 과정으로 1년에 두 차례 모집합니다(모집 방법은 각 교회 방침에 따름). 양육자와 1-3명의 동반자로 구성되며, 성경 지식을 가르치고 배우는 것이 아니라 서로의 삶을 나누고 예수 그리스도를 본받는 훈련입니다. 신앙고백으로 시작해 하나님, 예수님, 성령님에 대해 묵상하고 나누며, 그리스도인의 삶에 대해 실제적으로 배우면서 자기 자신에 대해 알게 됩니다. 이를 통해 큐티와 기도생활, 예배생활이 자연스럽게 삶에 녹아들 것입니다.

THINK 양육교사 (10주)

THINK 양육을 수료한 성도가 다시 양육자로 섬기기 위해 거쳐야 하는 심화 과정입니다. 담당 사역자로부터 동반자를 섬기며 나눔을 인도하는 방법을 훈련받습니다. 교재와 과제물은 THINK 양육과 동일하며, 수료 후에 THINK 양육교사로 섬기게 됩니다. 이

기적인 신앙에서 벗어나 영적 리더십을 배우면서 지경이 넓어지며, 자신의 상처와 죄를 깊이 드러냄으로써 영적 갈등의 치유와 회복을 경험하게 됩니다.

THINK 예비목자양육 I·II(총 20주)

리더를 세우기 위한 과정으로, 소그룹(목장)의 부목자와 목자가 목원들을 효과적으로 섬기기 위해 양육되는 과정입니다. THINK 예비목자양육은 두 단계로 나뉘는데, 목자로 섬기게 될 사람은 20주간의 예비목자양육 I·II 과정을 모두 이수해야 합니다. 예비목자양육 I 과정을 마친 성도 가운데 일부가 목자로 부름을 받고, 목자로 세워지면 예비목자양육 II 과정을 수료하게 됩니다. 이로써 하나님 나라를 확장하는 사명을 감당하게 됩니다.

THINK 중보기도 (4주/단계, 연 2회)

THINK 중보기도는 기복(祈福)을 넘어선 팔복(八福)의 기도를 배우는 시간으로, 소그룹 리더의 추천을 받고 세례를 받은 분이라면 참여 가능합니다. THINK 중보기도는 두 단계로 나뉘며, 각 단계는 4주 과정으로 연 2회(총 8주) 진행됩니다. 매주 2개씩, 전체 16개의 주제를 다루게 됩니다(진행 방법은 각 교회 방침에 따름). 나만을 위해, 가족만을 위해 드렸던 기도의 울타리를 넘어서서 넓게 펼쳐 볼 수 있습니다. THINK 중보기도를 통해 중보기도 파수꾼으로 섬길 자격을 얻게 되며, 누군가를 위해 중보기도하는 '기도의 사람'으로 거듭날 것입니다.

차례

하나님의 창조 사역에는 나를 향한 하나님의 약속이 있습니다.

01

하나님은 어떤 분인가요?

삼위일체 하나님

창세기 1:1-2

하나님은 어떤 분인가요?

삼위일체 하나님 창세기 1:1-2

우리 몸이 얼마나 기막힌 원리로 움직이는지 아십니까? 우리가 눈을 한 번 깜빡이는 데는 40분의 1초가 걸린다고 합니다. 콧구멍은 서너 시간마다 활동을 교대하는데, 한쪽은 냄새를 맡고 다른 한쪽은 휴식을 합니다. 성인의 뼈는 206개인데 그중에 절반이 손과 발에 있습니다. 피부는 천연 완전 방수 가죽옷인데 그 허물이 끊임없이 벗겨지면서 한 달에 한 번씩 새 피부가 공급되어 완전히 새것으로 바뀝니다. 우리 몸속에 있는 혈관의 총 길이는 11만 2천 킬로미터라고 합니다. 지구를 두 번 감을 수 있는 길이입니다. 차 한 대를 만드는 데는 1만 3천 개의 부품이 필요하고, 우주왕복선은 500만 개의 부품이 필요한데 사람의 몸에는 10조 개의 세포가 있습니다. 계산할 수도 없는 엄청난 양의 세포가 우리 몸을 이루고 있는 것입니다. 게다가 25조 개의 적혈구가 있고, 250억 개의 백혈구가 있으며 혀에만 9천 개의 미각세포가 존재합니다. 놀랍지 않습니까! 인간이 최고로 정교한 기계를 만든다고 해도 인간을 만든 하나님의 솜씨에는 비길 수가 없습니다. 이것만 봐도 우리 몸의 주인이 하나님이시라는 것을 인정할 수밖에 없습니다. 하나님의 것이기에 우리 몸이야말로 가장 영적인 것입니다.

『절대순종』 중에서(p.175-176)

• 내가 온전히 스스로 찾아내어 문제를 해결한 적이 있나요? 그때 기분이 어땠나요?

H 말씀 읽기 Holifying 주님을 만나는 묵상의 시간

1. 나는 어떻게 창조되었습니까?

26 하나님이 이르시되 우리의 형상을 따라 우리의 모양대로 우리가 사람을 만들고 그들로 바다의 물고기와 하늘의 새와 가축과 온 땅과 땅에 기는 모든 것을 다스리게 하자 하시고…… 31 하나님이 지으신 그 모든 것을 보시니 보시기에 심히 좋았더라 저녁이 되고 아침이 되니 이는 여섯째 날이니라 창세기 1:26, 31

---

2. 나에게 하나님은 어떤 분입니까?

6 여호와는 죽이기도 하시고 살리기도 하시며 스올에 내리게도 하시고 거기에서 올리기도 하시는도다 7 여호와는 가난하게도 하시고 부하게도 하시며 낮추기도 하시고 높이기도 하시는도다 8 가난한 자를 진토에서 일으키시며 빈궁한 자를 거름더미에서 올리사 귀족들과 함께 앉게 하시며 영광의 자리를 차지하게 하시는도다 땅의 기둥들은 여호와의 것이라 여호와께서 세계를 그것들 위에 세우셨도다 사무엘상 2:6-8

---

3. 나에게 예수님은 어떤 분입니까?

1) 참 하나님이신 예수님

1 태초에 말씀이 계시니라 이 말씀이 하나님과 함께 계셨으니 이 말씀은 곧 하나님이시니라 2 그가 태초에 하나님과 함께 계셨고…… 18 본래 하나님을 본 사람이 없으되 아버지 품 속에 있는 독생하신 하나님이 나타내셨느니라 요한복음 1:1-2, 18

____

____

____

2) 참 인간이신 예수님

베들레헴 에브라다야 너는 유다 족속 중에 작을지라도 이스라엘을 다스릴 자가 네게서 내게로 나올 것이라 그의 근본은 상고에, 영원에 있느니라 미가 5:2
헤롯 왕 때에 예수께서 유대 베들레헴에서 나시매…… 마태복음 2:1a

____

____

____

4. 예수 그리스도를 깨달으면 나에게 어떤 변화가 일어납니까?

2 이는 그들로 마음에 위안을 받고 사랑 안에서 연합하여 확실한 이해의 모든 풍성함과 하나님의 비밀인 그리스도를 깨닫게 하려 함이니 3 그 안에는 지혜와 지식의 모든 보화가 감추어져 있느니라 골로새서 2:2-3

____

____

____

5. 나에게 성령님은 어떤 분입니까?

1) 성령님의 다른 이름은 무엇입니까?

내가 아버지께 구하겠으니 그가 또 다른 보혜사를 너희에게 주사 영원토록 너희와 함께 있게 하리니 요한복음 14:16

____

____

____

2) 성령님은 나를 어떻게 도우십니까?

7 그러나 내가 너희에게 실상을 말하노니 내가 떠나가는 것이 너희에게 유익이라 내가 떠나가지 아니하면 보혜사가 너희에게로 오시지 아니할 것이요 가면 내가 그를 너희에게로 보내리니 8 그가 와서 죄에 대하여, 의에 대하여, 심판에 대하여 세상을 책망하시리라 9 죄에 대하여라 함은 그들이 나를 믿지 아니함이요…… 13 그러나 진리의 성령이 오시면 그가 너희를 모든 진리 가운데로 인도하시리니 그가 스스로 말하지 않고 오직 들은 것을 말하며 장래 일을 너희에게 알리시리라 요한복음 16:7-9, 13

____

____

____

6. 성령으로 충만한 결과는 어떻게 나타납니까?

17 하나님이 말씀하시기를 말세에 내가 내 영을 모든 육체에 부어 주리니 너희의 자녀들은 예언할 것이요 너희의 젊은이들은 환상을 보고 너희의 늙은이들은 꿈을 꾸리라 18 그 때에 내가 내 영을 내 남종과 여종들에게 부어 주리니 그들이 예언할 것이요 사도행전 2:17-18

____

____

____

1 태초에 하나님이 천지를 창조하시니라 2 땅이 혼돈하고 공허하며 흑암이 깊음 위에 있고 하나님의 영은 수면 위에 운행하시니라

1. 성부 하나님의 창조 사역이 나를 도우십니다.

태초에 하나님이 천지를 창조하셨습니다. '태초에'는 시간이 흐르기 시작한 출발점을 의미합니다. 요한복음 1장 1절에도 보면 "태초에 말씀이 계시니라 이 말씀이 하나님과 함께 계셨으니 이 말씀은 곧 하나님이시니라"고 기록되어 있습니다. 여기서도 "태초에"가 나옵니다. 이것은 시간이 흐르기 전의 시간, 즉 영원 이전의 시간입니다. 하나님은 창조된 세상 이전부터 존재하셨는데, 시공간을 초월하여 영원 전부터 계셨습니다. 하나님만이 존재의 시작이십니다. 만물이 그에게서 나와 그에게로 돌아갑니다. 그러므로 하나님이 천지를 지으셨다는 것을 알아야 내가 어디서 와서 어디로 가는지 알게 됩니다. 그런데 성부 하나님의 뜻은 너무나 크고 거룩해서 숨겨져 있습니다(Hidden will of God). 이 숨겨진 뜻을 성부 하나님이 다 알리실 수 없기에 성자 예수님이 함께 사역하십니다.

2. 성자 예수님이 숨겨진 하나님의 뜻을 나타내십니다.

성자 예수님도 창조 사역에 동참하십니다. 숨겨진 성부 하나님의 뜻을 성자 예수님이 디자인하면서 나타내십니다(Revealed will of God). 성부 하나님이 창조하셨어도 성자 예수님이 도와주지 않으시면 모든 것은 혼돈하고 공허하며 흑암이 깊음 위에 있습니다. 우리도 그렇습니다. 내가 예수님을 믿어도 아직 육체의 소욕이 가득하기에 하나님이 내 안에 거하시기가 너무 힘듭니다. 숨겨진 하나님의 위대한 뜻이 내 시간과 공간 안으로 들어오기가 쉽지 않습니다. 그래서 광대하고 크신 하나님이 관계와 질서, 시간과 공간 안으로 들어오셨습니다. 하나님이신 예수님이 인간의 육신을 입고 이 땅에 오신 것입니다.

　광대하고 크신 창조주 예수님이 여인의 자궁 속으로 오신 것은 상상할 수 없는 낮아짐입니다. 지금 나의 자리가 아무리 분하고 기가 막혀도, 그 자리를 지키며 관계와 질서에 순종하는 것이 창조 사역입니다. 수많은 별이 하나님이 정하신 질서를 지키며 영롱하게 빛나듯이, 가정과 학교와 직장의 질서에 순종함으로 각자의 자리를 잘 지킬 때 영롱하게 빛나는 인생이 됩니다.

3. 성령 하나님이 효과적으로 도우십니다.

성자 예수님을 믿은 후에도 우리는 날마다 영적·정신적·육적으로 혼돈과 공허와 흑암과 싸웁니다. 그 속에 하나님의 뜻이 나타나기 위해 하나님의 영, 곧 성령께서 효과적으로 도우십니다(Effective power of God).

하나님의 창조 사역에는 나를 향한 하나님의 약속이 있습니다. 성령의 운행하심이 그 약속을 알게 하고 이끌어 가심으로 혼돈과 흑암 중에 있던 내 삶이 새로운 형태와 질서로 자리 잡아 갑니다. 하나님이 단번에 천지를 창조하지 않으시고 6일간 지으신 것처럼, 우리를 더욱 완전하게 하시려고 지금도 인도하시며 기다리고 계십니다. 삼위일체 하나님이 창조하고 시작하셨기에 모든 것은 하나님이 끝내셔야 끝이 난다는 것을 믿고, 어떤 혼돈과 흑암의 환경에서도 하나님의 약속을 굳게 지킨다면 영원한 생명을 얻는 창조 사역을 이룰 수 있습니다.

궁창에서 드럼통으로

방정현

모태신앙인인 저는 하나님이 천지 만물을 창조하셨다는 사실을 한 번도 의심한 적이 없습니다(창세기 1:1). 어려서부터 교회를 즐겁게 다니며 인생이 어디서 와서 어디로 가는지도 알았기에 큰 방황이 없었습니다. 늘 싸우시고 이중적으로 보이는 부모님만이 제게 혼돈과 공허, 흑암 같은 존재였습니다(창세기 1:2). 하지만 저는 겉으로 드러나는 죄와 악함이 없다 보니 스스로 괜찮은 사람이라 여기는 교만이 있었습니다.

결혼한 후 남편과 자녀를 통해 행복의 빛이 비치고 낮과 같이 밝은 날들이 유지되니, 하나님이 저희 가정에 빛만 비춰 주시는 줄 알았습니다. 좋은 남편과 잘 자라는 아이들을 보니 저 스스로 좋은 인생이라 여겨져 만족함을 누리고자 했습니다. 그래서 자녀 교육에 열심을 내며, 재능 있는 딸을 위한다고 일찍부터 미술 입시를 치르게 했습니다. 사실 딸은 저와 성향과 기질이 매우 다릅니다. 반항과 일탈을 하지 않은 저는 개성과 자기주장이 강한 딸과 늘 부딪히며 싸웠습니다. 사춘기에 들어선 딸이 하루는 제게 심한 말과 욕설을 하여 딸과 육탄전을 벌이며 싸웠습니다. 제가 낳은 딸에게 욕을 들으니 비참한 마음이 들었고, 참을 수 없어 딸을 많이 때렸습니다.

그렇게 딸과 힘든 시기를 보내던 어느 날 수요예배를 드리러 갔습니다. 그때 목사님의 말씀이 제 마음을 뚫고 들어왔습니다. "엄마는 자녀들이 무슨 말과 행동을 하든 다 받아 내는 드럼통이 되어야 해요. 엄마가 아니면 누가 아이들의 드럼통이 되겠습니까! 아이들한테 욕 좀 먹으면 어때요" 하시는데, 그 말씀에 눈물이 쏟아졌고, 어려서부터 제가 딸에게 한 일들이 생각나 통곡하며 회개했습니다.

저는 딸이 세상에서 승승장구하며 빛이 되길 바랐습니다. 제 성격상 드러내 놓고 자랑하진 않으나 남들에게 부러움의 대상이 되고 싶은 욕심이 있었던 것입니다. 그런데 딸은 대학에 떨어지고 또 떨어지기를 반복했습니다. 저희 가족은 함께 교회 공동체에 속해 있었지만, 막상 딸이 떨어지기를 반복하니 창피하고 힘든 마음이 많았습니다. 그럼에도 한결같이 교회 소그룹 모임에서 나누다 보니 어느 날 제가 지체들에게 "우리 딸이 대학이나 갈는지 모르겠어요"라고 했습니다. 이 말을 하는 순간 제 속에서 뭔가 시원함과 평안함이 생기는 것 같았습니다. 높은 궁창에만 있으려 하던 제가 조금씩 드럼통이 되어 가면서 제 죄와 수치를 고백하다 보니, 딸을 평안한 마음으로 바라보면서 입시의 긴 터널을 통과할 수 있었습니다. 앞으로도 제가 보기에 좋은 것이 아닌 "하나님이 보시기에 좋았더라"의 삶이 무엇인지 더욱 깨닫고 그 길을 따라가길 기도합니다.

적용하기

- 딸에게 어릴 때 많이 때린 것을 다시 진심으로 사과하겠습니다.
- 매주 소그룹 모임에서 지체들의 말을 더 집중해서 듣겠습니다.

 **돌아보기** Nursing 말씀으로 질문하고 생각하기

- 지금 나에게 흑암과 같은 환경은 무엇인가요?
- 혼돈의 사건에서도 나를 창조하신 하나님을 믿고 의지하나요?

 **살아내기** Keeping 한 주간 적용하며 실천하기

나를 지으신 창조주 하나님이 믿어지지 않는다면 소그룹 모임에서 나누고, 창조 사역이 믿어지게 해 주시길 함께 기도해 보세요.

성구 암송과 교리 요약

1 태초에 말씀이 계시니라 이 말씀이 하나님과 함께 계셨으니 이 말씀은 곧 하나님이시니라 요한복음 1:1

태초에 천지를 창조하신 하나님은 만물의 주권을 가지셨으며 나를 지으신 분입니다. 예수 그리스도는 태초부터 하나님과 함께하신 분으로, 하나님의 말씀 그 자체이시며, 친히 사람이 되어 이 땅에 오신 하나님입니다. 성령님은 내가 진리의 말씀 안에 거하도록 인도하십니다. 성부, 성자, 성령은 서로 구별되지만, 결코 분리되지 않습니다.

02

십자가는 누구를 위한 것인가요?

예수 그리스도의 구속(救贖)

로마서 3:9-18, 23-25

02 십자가는 누구를 위한 것인가요?

예수 그리스도의 구속(救贖) 로마서 3:9-18, 23-25

히틀러 치하에서 행해진 아우슈비츠 대학살에서 살아남은 에힐 다이누라는 사람이 있었습니다. 1961년 유대인 학살을 총지휘했던 전범 아이히만이 재판을 받을 때 에힐 다이누도 참석했습니다. 그런데 재판장에서 다이누가 흐느껴 울면서 실신을 하고 말았습니다. 대부분 그가 수용소에서 경험한 죽음의 공포를 떠올리고 실신했을 거라고 짐작했습니다. 그러나 나중에 에힐 다이누가 기자회견을 하면서 밝힌 이유는 너무나도 놀라운 것이었습니다. 그는 아이히만이 악마와 같은 인간일 것이라고 생각했다고 합니다. 그런데 재판을 참관하며 다이누는 그가 평범한 한 남자라는 사실에 충격을 받았습니다. 음악을 좋아하고, 손자 손녀의 재롱을 좋아하고, 황혼에 강가를 산책하는 걸 좋아하는, 자신과 다를 바 하나 없는 아이히만을 보면서 이런 평범한 인간 속에 600만 명의 생명을 죽이는 악마성이 존재한다는 데 놀랐다는 겁니다. 그리고 아이히만뿐 아니라 자신과 모든 인간의 내면에 존재하는 악을 생각할 때 너무나도 두렵고 절망적인 마음이 들어 쓰러졌다는 것입니다. 그렇습니다. 인간은 100% 죄인입니다. 이런 인간을 누가 치료할 수 있겠습니까…… 모든 것의 치료자는 오직 예수 그리스도뿐입니다.

『절대복음』 중에서(p.71-72)

 **마음 열기** Telling 마음을 열고 생각을 나누는 시간

- 내 잘못으로 책망을 받은 적이 있나요? 그때 가장 먼저 어떤 마음이 들었나요?

 **말씀 읽기** Holifying 주님을 만나는 묵상의 시간

1. 하나님을 모르는 사람의 특징은 무엇입니까?

21 하나님을 알되 하나님을 영화롭게도 아니하며 감사하지도 아니하고 오히려 그 생각이 허망하여지며 미련한 마음이 어두워졌나니 22 스스로 지혜 있다 하나 어리석게 되어 23 썩어지지 아니하는 하나님의 영광을 썩어질 사람과 새와 짐승과 기어다니는 동물 모양의 우상으로 바꾸었느니라 24 그러므로 하나님께서 그들을 마음의 정욕대로 더러움에 내버려 두사 그들의 몸을 서로 욕되게 하게 하셨으니 로마서 1:21-24

---

2. 사람은 어떻게 죄인이 되었습니까?

그러므로 한 사람으로 말미암아 죄가 세상에 들어오고 죄로 말미암아 사망이 들어왔나니 이와 같이 모든 사람이 죄를 지었으므로 사망이 모든 사람에게 이르렀느니라 로마서 5:12

---

3. 죄의 열매는 무엇입니까?

죄의 삯은 사망이요 하나님의 은사는 그리스도 예수 우리 주 안에 있는 영생이니라

로마서 6:23

____

____

____

____

4. 예수 그리스도께서 나를 위해 하신 일은 무엇입니까?

우리가 아직 죄인 되었을 때에 그리스도께서 우리를 위하여 죽으심으로 하나님께서
우리에 대한 자기의 사랑을 확증하셨느니라 로마서 5:8

____

____

____

____

5. 예수 그리스도 덕분에 내가 얻게 된 것은 무엇입니까?

17 한 사람의 범죄로 말미암아 사망이 그 한 사람을 통하여 왕 노릇 하였은즉 더욱 은혜와 의의 선물을 넘치게 받는 자들은 한 분 예수 그리스도를 통하여 생명 안에서 왕 노릇 하리로다 18 그런즉 한 범죄로 많은 사람이 정죄에 이른 것 같이 한 의로운 행위로 말미암아 많은 사람이 의롭다 하심을 받아 생명에 이르렀느니라 로마서 5:17-18

6. 나는 어떻게 구속(救贖)의 은혜를 얻습니까?

23 모든 사람이 죄를 범하였으매 하나님의 영광에 이르지 못하더니 24 그리스도 예수 안에 있는 속량으로 말미암아 하나님의 은혜로 값 없이 의롭다 하심을 얻은 자 되었느니라 로마서 3:23-24

7. 예수 그리스도 안에 있는 사람의 특징은 어떠합니까?

1 그러므로 이제 그리스도 예수 안에 있는 자에게는 결코 정죄함이 없나니 2 이는 그리스도 예수 안에 있는 생명의 성령의 법이 죄와 사망의 법에서 너를 해방하였음이라

로마서 8:1-2

로마서 3:9-18, 23-25

9 그러면 어떠하냐 우리는 나으냐 결코 아니라 유대인이나 헬라인이나 다 죄 아래에 있다고 우리가 이미 선언하였느니라 10 기록된 바 의인은 없나니 하나도 없으며 11 깨닫는 자도 없고 하나님을 찾는 자도 없고 12 다 치우쳐 함께 무익하게 되고 선을 행하는 자는 없나니 하나도 없도다 13 그들의 목구멍은 열린 무덤이요 그 혀로는 속임을 일삼으며 그 입술에는 독사의 독이 있고 14 그 입에는 저주와 악독이 가득하고 15 그 발은 피 흘리는 데 빠른지라 16 파멸과 고생이 그 길에 있어 17 평강의 길을 알지 못하였고 18 그들의 눈 앞에 하나님을 두려워함이 없느니라 함과 같으니라…… 23 모든 사람이 죄를 범하였으매 하나님의 영광에 이르지 못하더니 24 그리스도 예수 안에 있는 속량으로 말미암아 하나님의 은혜로 값 없이 의롭다 하심을 얻은 자 되었느니라 25 이 예수를 하나님이 그의 피로써 믿음으로 말미암는 화목제물로 세우셨으니 이는 하나님께서 길이 참으시는 중에 전에 지은 죄를 간과하심으로 자기의 의로우심을 나타내려 하심이니

 **해석하기** | Interpreting 구속사로 생각하기

1. 모든 인류는 죄의 지배를 받습니다.

인간은 모두 100% 죄인입니다. 진리에서 떠나 있기 때문입니다. 죄의 어원은 '과녁을 빗나가다'입니다. 이렇듯 죄인의 특징은 한쪽으로 치우치는 것입니다. 우리는 본성대로 죄를 짓고, 그것을 합리화합니다. 우리가 죄를 짓는 근본적인 이유는 하나님을 두려워하지 않기 때문입니다. '죄 아래 있다'는 것은 사슬에 매여 무거운 짐을 지고 평생 죄의 종살이를 한다는 것입니다. 죄는 가공할 만한 세력이기에 우리를 영적·육적·정신적으로 점점 피폐하게 합니다. 이 죄의 세력은 누구도 피해 갈 수 없습니다. 그리고 그 끝에는 영원한 죽음이 기다리고 있습니다.

2. 예수 그리스도를 믿음으로 의롭게 됩니다.

그래서 우리에게는 새로운 길이 필요합니다. 내가 하나님에 대해 무관심하고 죄에 대해서도 무감각한 채 죽음으로 달려가고 있을 때, 주님이 나를 구원하러 달려오셨습니다. 하나님은 죄인인 인간이 돌이켜 살 수 있는 길을 제시해 주셨습니다. 바로 '예수 그리스도'를 믿음으로 영생에 이르는 길입니다. 이 길은 예수님을 믿는 모든 사람에게 차별 없이 열려 있습니다. 나를 구원하고자 십자가에 달려 돌아가신 예수 그리스도를 나의 주님으로 영접하고 믿으면, 우리는 의롭게 되어 영원한 생명에 이를 수 있습니다.

로마서 3:9-18, 23-25

아빠가 미안해

박은주

작년 초에 회사에서 조기 퇴직을 통보받은 뒤 세운 저의 계획은 너무도 근사했습니다. 새로운 일자리를 잡을 동안 전에 못 들었던 설교말씀을 다 듣고 경건하게 지내다 보면 곧 새로운 일들이 잡힐 줄 알았습니다. 그런데 급작스럽게 어머니가 흡인성 폐렴으로 거의 돌아가실 뻔한 사건을 시작으로, 영국에서 유학하고 있던 딸아이가 한국으로 돌아오고, 작년 말에 입대한 아들이 의가사 제대로 전역을 하는 사건이 연이어 찾아왔습니다.

평소 혈기 많고 화를 잘 내는 저 때문에 상처받고 있던 딸은 영국의 학교에서 자신을 시기하던 친구가 자기 디자인을 도용하는 사건으로 싸우다가 정학을 받고 귀국해 있었는데, 이내 "학교 공부를 포기하겠다"는 말을 했습니다. 이런 일들이 저의 실직과 함께 연달아 일어나니 당황스럽기도 하고 '어떻게 해야 하지?'라는 생각에 힘든 환경을 원망하며 그 화살을 공부를 중단하려는 딸에게로 돌렸습니다.

그동안 말씀을 듣고 양육도 받아서 '이제는 딸과의 관계가 어느 정도 회복되었다'고 생각했습니다. 그런데 막상 딸아이가 공부를 그만두고 자기가 하고 싶은 일을 하겠다고 하자, 이제까지 해 준 것들에 대한 생색이 올라와서 야단을 치고 "너 죽고 나 죽자"며 제 분을 못 이겨, 귀신 들린 자처럼 머리를 치고 바닥을 뒹굴면서 난리를 쳤습니다.

회사를 그만두고 앞길을 걱정하고 있는데, 딸의 말과 저를 자극하는 사건들이 오니 그동안 양육받았던 것들은 아예 잊은 채 다시 무섭고 혈기 많은 저의 모습으로 돌아가 있었습니다(로마서 3:14-15). '딸은 딸대로 아들은 아들대로 어떻게 이렇게 되는 일이 없고, 나만 잘하고 있네. 난 정말 좋은 아버지야'라는 생각에 마음속에서 악이 올라온 것입니다(로마서 3:18).

그러던 중에 그동안 그렇게나 들었던 말씀인 "가정의 화목을 위해 상대에게 자신의 죄를 고백하고 진심으로 용서를 구하는 것이 먼저입니다"라는 목사님의 설교를 듣고 마음이 찔렸습니다. 이제껏 '내가 잘못했다'는 생각은 했지만, 진심으로 아내와 아이들에게 사과하지 않았습니다. 그 말씀을 들은 다음 날, 기도하는 마음으로 가족이 모였을 때 제 마음을 담아서 사과했습니다. "아빠가 그동안의 잘못을 사과할게. 미안하다. 앞으로는 아빠가 먼저 말씀에 의지하는 모습을 보일게"라고 용서를 구했습니다. 아직은 아이들이 제가 사과하는 모습에 놀라고 얼떨떨해하지만, 이제 하나님의 말씀을 맡은 자로서 가족을 위해 기도하는 아버지의 모습을 보여 주며 가기를 간절히 기도합니다.

적용하기

- 자녀들에게 말하기 전에 먼저 자녀들의 이야기를 잘 들어 주겠습니다.
- 매일 시간을 정해 놓고 기도하는 가장의 모습을 보이겠습니다.

 **돌아보기** Nursing 말씀으로 질문하고 생각하기

- 나는 하나님 앞에서 죄인임을 인정하나요? 왜 내가 죄인이라고 생각하나요?
- 나에게 예수님은 그저 성인(聖人) 중 한 사람인가요, 아니면 나의 주 나의 하나님이신가요? 아직 예수님을 나의 주로 영접하지 않았다면 그 이유는 무엇인가요?

 **살아내기** Keeping 한 주간 적용하며 실천하기

가장 가까운 사람에게 아직 말하지 못한 잘못이 있다면, 이번 주에 솔직하게 고백하고 용서를 구해 보세요.

성구 암송과 교리 요약

24 그리스도 예수 안에 있는 속량으로 말미암아 하나님의 은혜로 값 없이 의롭다 하심을 얻은 자 되었느니라 로마서 3:24

첫 인류인 아담과 하와가 범죄함으로 죄가 세상에 들어왔기에 우리는 모두 태어날 때부터 죄인입니다. 하나님을 떠난 인간은 죄의 결과로 사망에 이르게 됩니다. 그러나 예수 그리스도께서 온 인류를 위해 죽으셨기에 우리는 죄와 사망의 지배를 벗어나 구원을 받습니다.

나를 구원하고자 십자가에 달려 돌아가신
예수 그리스도를 나의 주님으로 영접하고 믿으면,
우리는 의롭게 되어 영원한 생명에 이를 수 있습니다.

이 세상이 아무리 흉악하고 썩어 간다고 해도

의인은 믿음으로 삽니다.

03

예수님을 믿는다는 것은 무엇인가요?

믿음

로마서 1:14-17

예수님을 믿는다는 것은 무엇인가요?

믿음 로마서 1:14-17

2005년 10월 19일자 《뉴스위크》지에 '마음이 심장을 병들게 한다'는 기사가 실렸습니다. 1994년에 로스앤젤레스 인근에서 강력한 지진이 발생해서 부상자들에게 응급처치를 했는데, 특별한 외상이 없는 생존자들이 심장 발작으로 사망하는 일이 잇달아 생겼다고 합니다. 대부분 관상동맥 질환을 앓은 적이 있거나 고혈압 유전인자가 있는 사람들이었습니다. 쉽게 말해서 사망의 원인이 무엇인가 하면, "죽을 정도로 겁을 먹었다"는 것입니다. 그 기사는 감정과 심장 질환이 깊은 연관성을 가진다는 정신 심장학의 새로운 연구에 불을 지폈습니다. 그리고 지진과 같은 갑작스러운 충격만 치명적인 것이 아니라 스트레스, 근심, 적대감이나 우울증이 지속될 때 훨씬 치명적이라는 근거가 자꾸 늘어났다고 합니다. 우리의 육신이 마음과 얼마나 깊이 연관되어 있는지를 잘 보여 줍니다.

『큐티하는 자는 복이 있나니』 중에서(p.428)

● 내 마음을 터놓고 이야기할 사람이 있나요? 혹시 누군가를 믿었다가 실망한 적은 없나요?

H **말씀 읽기** Holifying 주님을 만나는 묵상의 시간

1. 내가 믿고 신뢰해야 할 대상은 누구입니까?

시몬 베드로가 대답하여 이르되 주는 그리스도시요 살아 계신 하나님의 아들이시니이다
마태복음 16:16

2. 나는 어떻게 하나님과 화평을 누릴 수 있습니까?

1 그러므로 우리가 믿음으로 의롭다 하심을 받았으니 우리 주 예수 그리스도로 말미암아 하나님과 화평을 누리자 2 또한 그로 말미암아 우리가 믿음으로 서 있는 이 은혜에 들어감을 얻었으며 하나님의 영광을 바라고 즐거워하느니라 로마서 5:1-2

3. 어떤 사람이 구원을 얻습니까?

9 네가 만일 네 입으로 예수를 주로 시인하며 또 하나님께서 그를 죽은 자 가운데서 살리신 것을 네 마음에 믿으면 구원을 받으리라 10 사람이 마음으로 믿어 의에 이르고 입으로 시인하여 구원에 이르느니라…… 13 누구든지 주의 이름을 부르는 자는 구원을 받으리라 로마서 10:9-10, 13

4. 구원과 믿음은 어떤 관계가 있습니까?

예수께서 이르시되 딸아 네 믿음이 너를 구원하였으니 평안히 가라 네 병에서 놓여 건강할지어다 마가복음 5:34

너희는 그 은혜에 의하여 믿음으로 말미암아 구원을 받았으니 이것은 너희에게서 난 것이 아니요 하나님의 선물이라 에베소서 2:8

5. 예수님을 영접하면 어떤 권세를 얻습니까?

영접하는 자 곧 그 이름을 믿는 자들에게는 하나님의 자녀가 되는 권세를 주셨으니

____

____

____

6. 영생은 무엇입니까?

25 예수께서 이르시되 나는 부활이요 생명이니 나를 믿는 자는 죽어도 살겠고 26 무릇
살아서 나를 믿는 자는 영원히 죽지 아니하리니 이것을 네가 믿느냐 요한복음 11:25-26

____

____

____

7. 영생은 어떻게 얻습니까?

하나님이 세상을 이처럼 사랑하사 독생자를 주셨으니 이는 그를 믿는 자마다 멸망하지 않고 영생을 얻게 하려 하심이라 요한복음 3:16

---

8. 세례는 무엇입니까?

베드로가 이르되 너희가 회개하여 각각 예수 그리스도의 이름으로 세례를 받고 죄 사함을 받으라 그리하면 성령의 선물을 받으리니 사도행전 2:38

로마서 1:14-17

14 헬라인이나 야만인이나 지혜 있는 자나 어리석은 자에게 다 내가 빚진 자라 15 그러므로 나는 할 수 있는 대로 로마에 있는 너희에게도 복음 전하기를 원하노라 16 내가 복음을 부끄러워하지 아니하노니 이 복음은 모든 믿는 자에게 구원을 주시는 하나님의 능력이 됨이라 먼저는 유대인에게요 그리고 헬라인에게로다 17 복음에는 하나님의 의가 나타나서 믿음으로 믿음에 이르게 하나니 기록된 바 오직 의인은 믿음으로 말미암아 살리라 함과 같으니라

1. 복음은 믿는 자에게 구원을 주시는 하나님의 능력입니다.

복음은 예수님을 믿는 모든 자에게 구원을 주시는 하나님의 능력입니다. 그런데 바울은 이 복음을 '빚'이라고 표현합니다(로마서 1:14). 값없이 받았지만, 받고 보니 다른 사람에게 전해 주어야 할 책임이 있는 것입니다. 다만 갚아야 할 대상이 구원을 베푸신 하나님이 아니라 복음이 필요한 다른 사람입니다. 우리는 빚진 자의 절박한 마음으로 부모, 자식, 형제자매, 배우자, 이웃에게 복음을 전해야 합니다. 내게 잘해 주는 사람만이 아니라 나를 괴롭히는 사람이라도 복음의 빚을 갚아야 합니다. 나를 괴롭히는 사람 때문에 내가 더욱 예수님을 의지하게 됩니다. 그렇기에 나를 힘들게 하는 그 사람이 곧 내가 가장 큰 복음의 빚을 진 사람입니다.

2. 예수 그리스도를 믿음으로 의롭게 됩니다.

성경이 말하는 구원은, 죽어서 천국에 가는 것뿐만 아니라 인간이 병에서 놓이는 것부터 모든 잘못된 상황에서 풀려나는 것까지를 모두 포함합니다. 인간의 육체만을 구원하는 것이 아니라 모든 상황과 자연과 만물을 구원하는 능력이 바로 복음입니다. 복음의 능력 중에서도 가장 중요한 능력이 죄 사함의 능력입니다. 100% 죄인인 인간은 누구도 죄의 문제를 스스로 해결할 수 없습니다. 복음만이 죄의 문제를 해결할 수 있습니다. 복음은 예수 그리스도의 죽음과 부활에 관한 복된 소식입니다. 복음의 능력이란, 하나님과 예수 그리스도를 알고서 성도로 부르심을 받는 것입니다. 내가 주님을 영접한 것은 복음이 나를 뚫고 들어온 결과입니다.

3. 오직 의인은 믿음으로 살아갑니다.

복음에는 구원만 있는 것이 아니라 하나님이 어떤 분인가도 나타납니다. 그것을 '하나님의 의(義)', 하나님의 옳으심(righteousness)이라고 표현하기도 합니다. 믿음으로 '사는' 건 믿음으로 '견디는' 게 아닙니다. 어떤 사건에서도 하나님의 옳으심을 '인정하는 것'입니다. 우리는 믿음으로 하나님의 의에 이를 수 있습니다. 즉, 구원의 복음을 '믿음으로' 거듭나서 성화(聖化)되어 간다는 말입니다. 이를 이신칭의(以信稱義)라고도 합니다. "오직 의인은 믿음으로 살리라"(로마서 1:17)는 말씀처럼 이 세상이 아무리 흉악하고 썩어 간다고 해도 의인은 믿음으로 삽니다. 하나님은 의롭고 옳으시기에 이 세상의 어떤 세력에게도 방해받지 않고 그분이 택하신 나를 지키십니다. 이것을 믿으십니까?

음란 중독자

이정현

믿지 않는 가정에서 첫째 아들로 태어난 저는 어릴 때부터 부모님이 돈 때문에 자주 다투시는 모습을 보면서 자랐습니다. 그러다 청년 시절에 교제하던 자매의 인도로 교회를 다니게 되었고, 성경에 손을 얹고 목사님의 주례로 결혼도 하였습니다. 그러다 저는 신혼 초에 음란물을 보는 것을 아내에게 들켰습니다. 사실 그전까진 음란물을 보는 것을 죄라고 여기지 않았습니다. 그것으로 누구에게 피해를 주지도 않고, 단지 나의 욕구를 해소하는 방법이라고만 생각했기 때문입니다. 그러나 결혼 후 아내가 제게 크게 화내고 고통받는 모습을 보면서 음란물 시청이 죄임을 비로소 인식하게 되었습니다.

하지만 저는 이 사건을 숨기고 도망치고만 싶었습니다. 그런 제게 아내는 교회 소그룹 모임에서 이 일을 고백하면 용서해 주겠다고 했습니다. 회피 성향이 강한 저로서는 도저히 그렇게 할 수 없었지만 그동안 공동체에서 들은 말씀이 있기에 아내의 말대로 적용할 수 있었습니다. 그 후 교회에서 양육을 받으면서, 다른 이성과 육체적 관계를 해야만 죄라고 여기며 내 속의 음란을 합리화한 것을 회개하게 되었습니다. 그리고 양육을 받은 후에 "예수 그리스도의 종 바울은 사도로 부르심을 받아 하나님의 복음을 위하여 택정함을 입었으니"라는 말씀처럼 저도 소그룹의 리더로 부르심을 받게 되었습니다(로마서 1:1).

지금은 소그룹 모임에서 새로운 지체들을 만날 때마다 저에게 음란 중독이 있음을 고백하고 있습니다. "하나님의 사랑하심을 받고 성도로 부르심을 받은 모든 자에게 하나님 우리 아버지와 주 예수 그리스도로부터 은혜와 평강이 있기를 원하노라"(로마서 1:7)는 말씀처럼 저의 중독을 고백할수록 죄가 힘을 잃어 은혜와 평강이 임하는 것을 경험합니다. 누구에게나 복음이 필요함을 알아 제가 만난 주님을 담대히 전하는 삶을 살아가길 소망합니다(로마서 1:16).

- 교회 소그룹 모임에 새로 오는 지체들에게 저의 간증을 전하면서 음란 중독을 이야기하겠습니다.
- 또다시 음란물을 보게 되더라도 아내와 부부 소그룹 모임에서 솔직히 고백하고 회개하겠습니다.

 **돌아보기** Nursing 말씀으로 질문하고 생각하기

- 구원은 오직 예수 그리스도를 믿음으로 이루어진다는 것이 인정되나요? 믿음에 더하여 선행도 필요하다고 생각하진 않나요?
- 오늘 밤에 이 세상을 떠난다면 천국에 갈 수 있다는 확신이 있나요? 만일 없다면 그 이유는 무엇인가요?

 **살아내기** Keeping 한 주간 적용하며 실천하기

내 곁에 있는 가족과 지인들에게 나를 구원하시고 영생을 허락하신 하나님의 놀라운 사랑을 전해 보세요.

성구 암송과 교리 요약

16 하나님이 세상을 이처럼 사랑하사 독생자를 주셨으니 이는 그를 믿는 자마다 멸망하지 않고 영생을 얻게 하려 하심이라 요한복음 3:16

복음의 핵심은 나를 위해 사람이 되어 이 땅에 오셔서 십자가에서 죽으시고 부활하신 예수 그리스도입니다. 이 예수님을 자신의 구주로 믿고 영접하는 사람은 멸망하지 않고 구원받아 영생을 누립니다. 그리고 하나님과 화평을 누리고 그분의 자녀가 되는 권세를 얻습니다.

예배는 나를 구원하신 하나님께 감사하며,
그분 안에서 안식을 누리는 것입니다.

왜 하나님을 예배해야 하나요?

예배

로마서 12:1-2

04 왜 하나님을 예배해야 하나요?

예배 로마서 12:1-2

우리들교회에서는 수험생들에게 "붙으면 회개하고 떨어지면 감사하라!"는 글귀가 새겨진 머그컵을 선물합니다. …… 이 경구는 제가 재수생 큐티 모임을 16년 동안 인도하면서 얻은 결론입니다. 고3 때나 재수를 할 때 아이들은 대학에 붙기만 하면 교회에 더 열심히 나가고, 큐티도 하고, 봉사도 하겠다고 다짐하면서 열심히 기도합니다. 그런데 단번에 합격한 아이들이 자기들 말대로 큐티를 더 열심히 하고 교회에 잘 나가는 것을 거의 보지 못했었습니다. 도리어 떨어진 아이들이 그동안 들은 말씀을 기억하면서 더욱 하나님을 의지하고 청년부 리더와 임원으로 섬기는 것을 보았습니다. 요즘은 밥을 굶는 아이들이 드물기에 인생 최초의 고난인 입시생 시절이 하나님을 만날 최고의 기회입니다. 그래서 붙는 것보다 떨어지는 것이 영적으로는 훨씬 더 유익합니다. 저는 대학에 붙은 아이들에게는 "네가 감당할 믿음이 안 되니까 하나님께서 네 영적 수준을 낮게 보고 붙여 주신 것이다. 그러니 회개해라" 하고 권면합니다. 떨어진 아이들에게는 "너를 정말 수준 높게 보시고 하나님께서 재수의 고난을 허락하셨구나. 너를 크게 쓰시려는 하나님의 계획이니 이보다 감사한 일이 또 있겠니. 할렐루야!" 하고 축복해 줍니다.

『가정아 기뻐하라』 중에서(p.83-84)

 **마음 열기** Telling 마음을 열고 생각을 나누는 시간

- 내가 기쁘고 감사할 때는 언제인가요? 그럴 때 내 마음을 어떻게 표현하나요?

 **말씀 읽기** Holifying 주님을 만나는 묵상의 시간

1. 예배란 무엇입니까?

3 여호와가 우리 하나님이신 줄 너희는 알지어다 그는 우리를 지으신 이요 우리는 그의 것이니 그의 백성이요 그의 기르시는 양이로다 4 감사함으로 그의 문에 들어가며 찬송함으로 그의 궁정에 들어가서 그에게 감사하며 그의 이름을 송축할지어다

시편 100:3-4

2. 예배는 어떻게 드립니까?

23 아버지께 참되게 예배하는 자들은 영과 진리로 예배할 때가 오나니 곧 이 때라 아버지께서는 자기에게 이렇게 예배하는 자들을 찾으시느니라 24 하나님은 영이시니 예배하는 자가 영과 진리로 예배할지니라 요한복음 4:23-24

3. 하나님은 어떤 예배를 받으십니까?

3 세월이 지난 후에 가인은 땅의 소산으로 제물을 삼아 여호와께 드렸고 4 아벨은 자기도 양의 첫 새끼와 그 기름으로 드렸더니 여호와께서 아벨과 그의 제물은 받으셨으나 5 가인과 그의 제물은 받지 아니하신지라 가인이 몹시 분하여 안색이 변하니

창세기 4:3-5

4. 안식일은 무엇입니까?

2 하나님이 그가 하시던 일을 일곱째 날에 마치시니 그가 하시던 모든 일을 그치고 일곱째 날에 안식하시니라 3 하나님이 그 일곱째 날을 복되게 하사 거룩하게 하셨으니 이는 하나님이 그 창조하시며 만드시던 모든 일을 마치시고 그 날에 안식하셨음이니라

창세기 2:2-3

5. 왜 안식일을 지켜야 합니까?

너는 기억하라 네가 애굽 땅에서 종이 되었더니 네 하나님 여호와가 강한 손과 편 팔로 거기서 너를 인도하여 내었나니 그러므로 네 하나님 여호와가 네게 명령하여 안식일을 지키라 하느니라 신명기 5:15

6. 어떻게 안식을 누릴 수 있습니까?

9 엿새 동안은 힘써 네 모든 일을 행할 것이나 10 일곱째 날은 네 하나님 여호와의 안식일인즉 너나 네 아들이나 네 딸이나 네 남종이나 네 여종이나 네 가축이나 네 문안에 머무는 객이라도 아무 일도 하지 말라 11 이는 엿새 동안에 나 여호와가 하늘과 땅과 바다와 그 가운데 모든 것을 만들고 일곱째 날에 쉬었음이라 그러므로 나 여호와가 안식일을 복되게 하여 그 날을 거룩하게 하였느니라 출애굽기 20:9-11

7. 안식일을 범하면 어떻게 됩니까?

너희 조상들이 이같이 행하지 아니하였느냐 그래서 우리 하나님이 이 모든 재앙을 우리와 이 성읍에 내리신 것이 아니냐 그럼에도 불구하고 너희가 안식일을 범하여 진노가 이스라엘에게 더욱 심하게 임하도록 하는도다 하고 느헤미야 13:18

주제 본문

로마서 12:1-2

---

1 그러므로 형제들아 내가 하나님의 모든 자비하심으로 너희를 권하노니 너희 몸을 하나님이 기뻐하시는 거룩한 산 제물로 드리라 이는 너희가 드릴 영적 예배니라 2 너희는 이 세대를 본받지 말고 오직 마음을 새롭게 함으로 변화를 받아 하나님의 선하시고 기뻐하시고 온전하신 뜻이 무엇인지 분별하도록 하라

1. 예배의 자리로 부르시는 주님의 권면이 있습니다.

예수 믿는 사람들을 핍박하다가 회심한 뒤 도리어 예수님을 전하는 사도가 된 바울은 우리를 "형제들아"라고 부르며 하나님의 자비하심을 따라 권면합니다. 예수 그리스도를 믿음으로 의롭다 하심을 얻은 우리에게 앞으로 어떻게 살아가야 하는지 가르쳐 주는 것입니다. 우리는 예수님을 믿고 나서도 끊지 못하는 것이 너무 많습니다. 예수님도 "너희가 마음은 원이로되 육신이 약하도다"라고 말씀하셨습니다(마태복음 26:41). 하나님을 알고, 하나님의 말씀을 깨닫고, 삶에서 적용하기까지 저마다 성숙의 단계가 다릅니다. 그래서 주님은 예배를 통해 변하지 않는 사랑과 인내로 끊임없이 반복해서 나를 권하십니다. 우리는 이 예배의 자리로 나아가야 합니다.

2. 예배는 내 몸을 드리는 것입니다.

나를 창조하신 분은 하나님이기에 내 몸의 주인도 하나님입니다. 우리가 예수님을 믿으면 성령 하나님이 우리 안에 들어오시기에 우리의 몸은 하나님이 거하시는 성전이 됩니다. 하나님이 기뻐하시는 영적 예배는 내 몸을 거룩한 산 제물로 드리는 예배입니다. 그러려면 내가 제물이 되어 죽어져야 합니다. 이는 내 것을 포기한다는 의미입니다. 큐티를 하려고 해도 죽어져야 하고, 예배를 오려고 해도 죽어져야 하고, 날마다 죽어져야 합니다. 예배는 누가 대신 갈 수 없고 내 몸이 가야 합니다.

개인 예배인 큐티, 가정예배, 교회에 함께 모여 드리는 예배는 물론, 삶으로 하나님을 섬기는 생활 예배로까지 나아가야 합니다. 내 삶의 모든 영역이 예배가 되어야 합니다.

3. 예배를 통해 마음에 변화를 받습니다.

내가 거룩한 산 제물이 되기 위해서는 구체적으로 해야 할 것이 있고, 하지 말아야 할 것이 있습니다. 하지 말아야 할 것은 '이 세대를 본받는 것'입니다. 악하고 음란한 이 세대를 본받지 않으려면 광야 훈련을 잘 받아야 합니다. 나에게 광야 같은 환경을 허락하시는 것은 하나님의 배려입니다. 광야는 황량하여 아무것도 없어서 하나님만 의지할 수밖에 없기 때문입니다.

또, 적극적으로 해야 할 것은 '하나님의 선하시고 기뻐하시고 온전하신 뜻이 무엇인지 분별하는 것'입니다. 하나님의 뜻을 알고자 끊임없이 말씀을 묵상하고, 날마다 마음을 새롭게 하는 훈련이 바로 큐티입니다. 날마다 말씀으로 내 마음을 씻어야 합니다. 마음이 새롭게 되어야 삶의 예배를 온전히 드릴 수 있기 때문입니다. 또한 하나님의 뜻을 올바로 분별하기 위해 세상과 구별되게 살아가는 공동체, 믿음의 지체들과 함께하는 것도 중요합니다. 나 혼자서는 올바로 분별할 수 없기 때문입니다.

로마서 12:1-2

조문객 없는 장례식

윤명원

저는 5형제 중 넷째로 태어났습니다. 성격이 유별나셨다던 할머니가 우리 집안에 복음의 씨앗을 뿌려 주셔서, 다섯 형제 중 제가 유일하게 구원을 받았습니다. 그러므로 "너희 몸을 하나님이 기뻐하시는 거룩한 산 제물로 드리라"는 말씀처럼 형제들의 구원을 위해 나의 몸을 드리는 수고를 해야 하지만, 저는 형제들을 잘 찾아가지도 않았습니다(로마서 12:1). 그 대신 가끔 돈을 빌려주거나 전도 주일에만 일회성으로 성경책을 사 주었습니다.

바울 사도는 "너희는 이 세대를 본받지 말고"라고 분명히 말합니다(로마서 12:2). 하지만 저는 명절에 형제들을 만나면 "예수 믿으면 회사에서 인정받고 돈도 많이 벌고, 장가가서 아들딸 낳고 행복한 가정을 이룰 수 있다. 오직 성공이 최고이니 재물의 복을 얻으려면 교회에 나와 예배를 드려 보라"고 강권하곤 했습니다.

그러다 재작년에 셋째 형이 객지에서 고독사하는 사건이 찾아왔습니다. 저희 5형제의 이름은 첫째 형은 '성공', 둘째 형은 '장수', 넷째인 저는 '명철', 막내는 '견고함'이란 뜻인데, 셋째 형만 그냥 '세 번째'라는 별 볼 일 없는 뜻입니다. 그런 셋째 형이 빛도 없이 산 제물이 되어 주어, 손님이 없는 형의 장례식장에 저희 형제들이 20년 만에 모두 모이게 되었습니다(로마서 12:1).

현재 큰형은 객지에서 독신으로 홀로 지내고 있고, 둘째 형은 고향에서 어머님을 모시며 살고 있고, 동생은 오랜 실직의 광풍 가운데 있습니다. 저는 빨리 성공해서 힘든 형제들을 도와줘야겠다는 생각이 들었습니다. 그리고 언제가 될지 모르는 그때만 바라며, 당장 힘든 형제들은 나 몰라라 한 채 재물을 허락해 달라고 지극정성으로 새벽 예배를 드렸습니다. 하지만 그저 기복이 가득한 마음으로 드린 예배였음을 고백합니다. 이제는 하나님의 기뻐하시는 뜻이 무엇인지 분별하여, 저의 세상 가치관과 기복신앙을 버리고 형제들의 구원을 위해 낮아져서 섬기기를 원합니다(로마서 12:2).

적용하기

- 명절에 고향에 내려가지 않는 형제들을 따로 만나 함께 식사하겠습니다.
- 형제들을 주일예배에 초대할 수 있도록 교회 공동체에 기도를 부탁하고, 일주일에 한 끼를 금식하겠습니다.

돌아보기 Nursing 말씀으로 질문하고 생각하기

- 주일예배, 소그룹 모임, 큐티, 생활 예배를 잘 드리고 있나요? 내가 예배를 드리는 데 가장 방해가 되는 요소는 무엇인가요?
- 내가 본받지 말아야 할 세상 가치관과 문화는 무엇인가요?

살아내기 Keeping 한 주간 적용하며 실천하기

예배 생활에 가장 걸림돌이 되는 것이 무엇인지 생각해 보고, 한 주 동안 가지치기 하는 적용을 해 보세요.

24 하나님은 영이시니 예배하는 자가 영과 진리로 예배할지니라 요한복음 4:24

하나님은 예배하는 자를 찾으십니다. 우리는 주일을 지키며 하나님이 베푸신 구원의 은혜를 기억하고 영과 진리로 예배드립니다. 또, 일상에서도 삶으로 예배를 드리며 하나님과 영적 교제를 나눌 수 있습니다.

하나님의 말씀인 성경을 읽고 묵상하고,

그 말씀대로 기도하며 적용하면서

점점 하나님의 성품에 합당한 사람이 되어 갑니다.

05

왜 성경을 읽어야 하나요?

말씀 묵상과 기도

요한계시록 5:1-8

왜 성경을 읽어야 하나요?

말씀 묵상과 기도 요한계시록 5:1-8

수년 전, 조선 제4대 왕인 세종의 이야기를 담은 드라마가 방영됐습니다. 잘 알다시피 세종은 제 뜻을 글로 펴지 못하는 백성을 불쌍히 여겨 한글을 창제했습니다. 드라마는 똘복과 소이라는 허구의 인물을 통해서 그 동기가 무엇이었는지 구체적으로 그려냅니다. …… 똘복은 어린 시절 자신의 아버지가 죽은 것이 세종 때문이라고 오해하고 원한을 품습니다. 똘복의 아버지는 세종의 장인인 심온 선생의 노비로, 심온이 역적으로 몰려 죽임당하는 과정에서 함께 죽음을 맞습니다. 그러나 사실 그 모든 일은 세종이 아닌 그의 아버지 이방원의 계략이었습니다. 세종이 장인을 구하고자 보낸 밀지(密旨)를 이방원이 바꿔치기하는데, 심온의 노비 중 누구도 글을 읽지 못해 주인을 궁지에 빠뜨리는 밀지를 그대로 전한 것입니다. 세종은 자책합니다. "만일 백성이 글을 읽을 줄만 알았다면 이런 허탄한 죽음은 막을 수 있지 않았겠는가!" 그리고 더는 무용한 원한과 미움을 만들지 않고자 백성 누구나 읽고 쓸 수 있는 글자를 만듭니다. …… 물론 이 드라마는 세종의 한글 창제라는 역사적 사실에 허구를 더한 이른바 '팩션(faction)' 소설을 바탕으로 만든 것이지만, 저는 이 드라마를 보면서 한글이 꼭 성경책 같다고 생각했습니다. 백성이 왕을 원망해도 왕은 문맹인 백성을 사랑하는 마음으로 한글을 만들지 않았습니까? 성경책의 모든 내용도 그렇습니다. 인간은 때마다 시마다 하나님을 원망하지만, 하나님은 죄악 가운데 있는 인간을 끝까지 사랑하십니다.

『말씀을 먹으라』 중에서(p.13-14)

- 요즘 내가 가장 즐겁게 읽거나 자주 보는 것은 무엇인가요?

H **말씀 읽기** Holifying 주님을 만나는 묵상의 시간

1. 성경이란 무엇입니까?

16 모든 성경은 하나님의 감동으로 된 것으로 교훈과 책망과 바르게 함과 의로 교육하기에 유익하니 17 이는 하나님의 사람으로 온전하게 하며 모든 선한 일을 행할 능력을 갖추게 하려 함이라 디모데후서 3:16-17

2. 하나님의 말씀은 어떤 일을 합니까?

12 하나님의 말씀은 살아 있고 활력이 있어 좌우에 날선 어떤 검보다도 예리하여 혼과 영과 및 관절과 골수를 찔러 쪼개기까지 하며 또 마음의 생각과 뜻을 판단하나니 13 지으신 것이 하나도 그 앞에 나타나지 않음이 없고 우리의 결산을 받으실 이의 눈 앞에 만물이 벌거벗은 것 같이 드러나느니라 히브리서 4:12-13

3. 말씀 묵상(QT)의 핵심은 무엇입니까?

1 복 있는 사람은 악인들의 꾀를 따르지 아니하며 죄인들의 길에 서지 아니하며 오만한 자들의 자리에 앉지 아니하고 2 오직 여호와의 율법을 즐거워하여 그의 율법을 주야로 묵상하는도다 3그는 시냇가에 심은 나무가 철을 따라 열매를 맺으며 그 잎사귀가 마르지 아니함 같으니 그가 하는 모든 일이 다 형통하리로다 시편 1:1-3

4. 말씀 묵상(QT)은 어떻게 합니까?

이 율법책을 네 입에서 떠나지 말게 하며 주야로 그것을 묵상하여 그 안에 기록된 대로 다 지켜 행하라 그리하면 네 길이 평탄하게 될 것이며 네가 형통하리라 여호수아 1:8

5. 말씀대로 적용하려면 어떻게 해야 합니까?

하나님 앞에서는 율법을 듣는 자가 의인이 아니요 오직 율법을 행하는 자라야 의롭다 하심을 얻으리니 로마서 2:13

____

____

____

____

6. 기도란 무엇이고 어떻게 해야 합니까?

그러므로 너희는 이렇게 기도하라 하늘에 계신 우리 아버지여 이름이 거룩히 여김을 받으시오며 마태복음 6:9

____

____

____

7. 회개 기도란 무엇입니까?

자기의 죄를 숨기는 자는 형통하지 못하나 죄를 자복하고 버리는 자는 불쌍히 여김을 받으리라 잠언 28:13

다윗이 나단에게 이르되 내가 여호와께 죄를 범하였노라 하매 나단이 다윗에게 말하되 여호와께서도 당신의 죄를 사하셨나니 당신이 죽지 아니하려니와 사무엘하 12:13

8. 무엇을 위해 기도해야 합니까?

그러므로 너희 죄를 서로 고백하며 병이 낫기를 위하여 서로 기도하라 의인의 간구는 역사하는 힘이 큼이니라 야고보서 5:16

1 내가 보매 보좌에 앉으신 이의 오른손에 두루마리가 있으니 안팎으로 썼고 일곱 인으로 봉하였더라 2 또 보매 힘있는 천사가 큰 음성으로 외치기를 누가 그 두루마리를 펴며 그 인을 떼기에 합당하냐 하나 3 하늘 위에나 땅 위에나 땅 아래에 능히 그 두루마리를 펴거나 보거나 할 자가 없더라 4 그 두루마리를 펴거나 보거나 하기에 합당한 자가 보이지 아니하기로 내가 크게 울었더니 5 장로 중의 한 사람이 내게 말하되 울지 말라 유대 지파의 사자 다윗의 뿌리가 이겼으니 그 두루마리와 그 일곱 인을 떼시리라 하더라 6 내가 또 보니 보좌와 네 생물과 장로들 사이에 한 어린 양이 서 있는데 일찍이 죽임을 당한 것 같더라 그에게 일곱 뿔과 일곱 눈이 있으니 이 눈들은 온 땅에 보내심을 받은 하나님의 일곱 영이더라 7 그 어린 양이 나아와서 보좌에 앉으신 이의 오른손에서 두루마리를 취하시니라 8 그 두루마리를 취하시매 네 생물과 이십사 장로들이 그 어린 양 앞에 엎드려 각각 거문고와 향이 가득한 금 대접을 가졌으니 이 향은 성도의 기도들이라

1. 성경은 예수 그리스도를 확실히 보여 주는 책입니다.

성경은 성령의 감동으로 쓰인 책으로, 40명의 저자에 의해 약 1,600년에 걸쳐서 기록되었습니다. 성경은 사람들이 기록했지만, 성령의 도우심으로 기록되었기에 오류가 없는 완전무결한 하나님의 말씀입니다. 다양한 부류의 사람들이 기록했지만 그 내용이 상치되거나 모순되는 점이 없고 통일성을 이룹니다. 성경은 "사람은 스스로 구원에 이를 수 없고, 오직 하나님의 아들 예수 그리스도만이 구세주이시다"라고 확실히 증언합니다. 그런데도 예수님을 믿지 않기로 결정하고 하나님을 대적하는 것은 부도덕한 행위입니다. 나는 죄가 없다고 여기는 것이 가장 큰 부도덕입니다. 죄인이 아닌 것처럼 교양과 윤리를 가장하고 살면서 예수 그리스도를 부인하는 사람이 가장 큰 죄인입니다.

2. 비밀의 책인 성경을 여실 분은 그리스도밖에 없습니다.

성경은 어느 것 하나 뺄 수 없는 내용들로 채워져 있습니다. 세계와 우주와 모든 것에 대한 하나님의 뜻과 계획과 목적, 이 세상의 종말뿐만 아니라 인간의 운명까지도 모두 기록되어 있습니다. 성경은 교훈과 책망과 바르게 함과 의로 교육하는 이야기입니다. 그런데 각자 믿음의 분량대로만 성경이 깨달아지기에 성경은 비밀의 책입니다. 예수님의 열두 제자 중 하나이자 요한계시록을 쓴 사도 요한은 하나님이 보이신 환상 속에서 인봉한 두루마리, 곧 성경을 보았습니다. 그런데 그것을 펼쳐서 보게 해 줄 자가 없어서 크게 울었습니다. 이것은 '어떻게 하면 사람들이 하나님의 말씀을 읽고 듣고 깨닫게 할 수 있을까' 고민했는데, 그럴 만한 사람이 없어서 울었다는 의미입니다. 또한 요한 역시 자기 수준에서 안 깨달아지는 말씀이 있어서 울었습니다. 우리도 예수 믿으면서 성경이 안 깨달아져서 울고, 깨달아진 후에는 내 주변 사람들이 못 깨닫는 것 때문에 울어야 합니다. 비밀의 책인 성경은 죄 없는 자기 몸을 십자가에 희생 제물로 바치신 예수님만이 여실 수 있습니다. 예수님은 이 책을 열어 주시려고 희생 제물이 되어 돌아가셨습니다. 그러므로 예수님처럼 자신을 희생하는 것이 말씀을 깨닫는 비결입니다.

3. 말씀대로 기도를 쌓아야 합니다.

8절에 금 대접을 가득 채운 향은 곧 '성도의 기도들'을 뜻합니다. 주님은 우리의 기도를 금 대접에 쌓아 놓으십니다. 한 단어도 땅에 떨어져 잃어버리는 일 없이, 눈물 한 방울 사라지는 일 없이 모든 기도가 하늘나라에 쌓인다는 것입니다. 그러나 모든 기도가 원하는 대로 응답을 받는 것은 아닙니다. 앞서 성경에서 향은 성도의 기도를 상징한다고 했는데, 출애굽기를 보면 하나님의 성막 안에 두는 향을 만들 때 '하나님의 방법대로' 만들라고 명령하셨습니다(출애굽기 30:35). 우리도 주님의 뜻, 즉 말씀대로 기도해야 합니다. 내 멋대로 기도하면 응답을 받을 수 없습니다. 말씀대로 드리는 기도가 곧 거룩한 기도이며, 100% 응답받는 기도입니다.

구원을 위한 간절한 기도

김영기

저는 다혈질인 성격으로 어릴 때부터 욕심이 많고 이기적이었습니다. 그래서 초등학생 시절 부모님이 제 요구 사항을 들어주지 않거나 뭔가 제 뜻대로 안 되면 동생에게 화풀이하며 동생을 심하게 때린 적도 있습니다. 그리고 부모님이 주일 아침에 교회에 가라고 말씀하시면 일어나기 싫다고 화내며 가지 않은 적도 많았습니다. 반면 동생은 부모님 말씀에 순종해서 교회를 착실히 다녔습니다. 다정하고 배려심 많은 동생은 아들만 있는 저희 집안에서 부모님에게 딸 같은 역할을 했습니다.

그러다가 제가 고등학생 때 집안이 망하게 되었습니다. 그때 동생은 "하나님이 살아 계시면 왜 이런 힘든 사건이 오느냐", "하나님은 왜 나의 간절한 기도를 들어주지 않으시냐"며 하나님을 원망했습니다. 이후 대학에 가서 유물론에 심취하더니 "하나님은 없다"고 하면서 신앙생활을 접었습니다. 그에 비해 저는 도덕적인 행위로만 보면 예수님을 믿고 그 말씀을 듣기에 결코 합당하지 않은 자였습니다(요한계시록 5:2). 하지만 저는 집안이 망하는 고난으로 하나님을 인격적으로 만나게 되었습니다. 고난의 사건으로 유대 지파의 사자 다윗의 뿌리이신 예수 그리스도께서 제게 찾아오심으로 성경의 일곱 인을 떼어 주신 것입니다(요한계시록 5:5). 그리고 시간이 흘러 저는 믿음의 공동체에 속해 구속사의 말씀을 듣고 양육을 받았습니다. 그러면서 신앙생활을 오랫동안 했지만, 세상 가치관과 기복신앙에 젖어 말씀을 깨닫지도 적용하지도 못하는 저의 모습을 돌아보며 크게 울 수밖에 없었습니다(요한계시록 5:4).

재작년에 아버지가 소천하셨습니다. 그때 저는 동생이 장례예배와 교회 공동체 지체들의 위로와 섬김을 통해 복음을 받아들이기를 간절히 기도했습니다(요한계시록 5:8). 그리고 동생에게 지난날 제가 잘못한 일에 재차 용서를 구한 다음 복음을 전했습니다. 그러나 동생은

“하나님의 존재는 인정하지만, 교회는 때가 되면 나가겠다”며 선을 그었습니다. 정작 삶으로 본을 보여 주지 못한 저 때문에 동생이 교회에 대한 마음이 열리지 않는 것 같아 다시금 회개하게 되었습니다. 동생이 구원받을 수 있는 길이 바로 가까이에 있는데, 제 힘으로 어찌할 수 없는 상황에 너무 안타까워 눈물이 납니다.

이제는 집안에서 형으로서의 권위를 내세우기보다 죽임당하신 어린 양 예수님처럼 동생의 구원을 위해 십자가에 잘 매달려 있기를 기도합니다. 그리하여 동생이 예수 그리스도를 주로 시인하고 찬송할 수 있는 날이 속히 오기를 간절히 소망합니다. 동생의 구원을 위해 하나님의 뜻에 따라 기도하고 섬기는 것이 제가 불러야 할 새 노래임을 잊지 않겠습니다.

적용하기

- 동생의 구원을 위해 하나님의 뜻을 구하는 기도를 매일 드리겠습니다.
- 동생에게 《큐티인》을 보내 주고, 매주 한 번씩 안부 전화를 하겠습니다.

 **돌아보기** Nursing 말씀으로 질문하고 생각하기

- 성경을 읽거나 묵상한 적이 있다면 무엇을 느꼈나요? 가장 기억나는 말씀은 무엇인가요? 왜 그 말씀이 기억나나요?
- 무엇을 위해 기도하나요? 그 기도는 말씀대로 하는 기도인가요, 내 욕심대로 하는 기도인가요?

 **살아내기** Keeping 한 주간 적용하며 실천하기

한 주 동안 말씀 묵상(QT)을 할 시간과 장소를 정해 보세요. 그리고 묵상한 내용과 기도제목을 소그룹 지체들에게 나눠 보세요.

성구 암송과 교리 요약

16 모든 성경은 하나님의 감동으로 된 것으로 교훈과 책망과 바르게 함과 의로 교육하기에 유익하니 17 이는 하나님의 사람으로 온전하게 하며 모든 선한 일을 행할 능력을 갖추게 하려 함이라 디모데후서 3:16-17

성경은 예수님이 나의 구원자이심을 증언하는 완전무결한 하나님의 말씀입니다. 우리는 성경을 통해 예수님이 하나님의 아들이심을 믿고, 하나님의 사람으로 온전하게 되어, 선한 일을 행할 능력을 갖추게 됩니다. 성경을 읽고 묵상하며 실천하는 것이 말씀 묵상(QT)이고, 그 말씀대로 주님 앞에 아뢰는 것이 기도이며, 예수님을 닮아 가는 것이 큐티와 기도의 목적입니다.

왜 교회를 다녀야 하나요?

성령의 공동체

사도행전 2:42-47

왜 교회를 다녀야 하나요?

성령의 공동체 사도행전 2:42-47

암에 걸린 러시아 소녀를 15년 이상 도운 한 부부에게 어떤 사람이 물었습니다. "그래 봤자 한 사람밖에 못 돕잖아요?" 그러자 부부가 이렇게 대답했답니다. "당신도 한 사람을 도우세요. 그럼 벌써 두 사람이잖아요!" 토마스 람게의 책 『행복한 기부: 성공을 부르는 1%의 나눔』에 나오는 이야기입니다. 책 내용을 보면 이타주의의 가치를 깨닫고 실천하는 사람들이 누구보다 건강하고 오래 산다고 합니다. 한편 영국의 사회심리학자 마이클 아자일의 연구에 의하면 골프, 쇼핑, 테니스, TV 보기 등의 여가 활동이 어떤 자원봉사 활동보다 재미를 주지 못한다고 합니다. 토마스 람게는 "사회가 양극화되고 빈부 차가 극심한 이 시대에 국가의 관료주의나 정책은 결핍의 문제를 다룰 뿐이지 우리가 기댈 곳을 찾아 주지 못한다. 오직 스스로 도울 줄 아는 공동체만이 우리의 기댈 곳이다"라고 주장했습니다. 여러분의 공동체는 어떻습니까? 스스로 돕고 나누는 기쁨의 공동체입니까? 스스로 도울 줄 아는 공동체는 거룩한 공동체, 하나님이 주인이신 공동체입니다.

『가정아 기뻐하라』 중에서(p.261-262)

T **마음 열기** Telling 마음을 열고 생각을 나누는 시간

- 내가 종종 만나는 사람들은 누구인가요? 나는 어떤 모임을 좋아하고 자주 가나요?

H **말씀 읽기** Holifying 주님을 만나는 묵상의 시간

1. 교회의 뜻은 무엇입니까?

고린도에 있는 하나님의 교회 곧 그리스도 예수 안에서 거룩하여지고 성도라 부르심을 받은 자들과 또 각처에서 우리의 주 곧 그들과 우리의 주 되신 예수 그리스도의 이름을 부르는 모든 자들에게 고린도전서 1:2

____

____

____

2. 왜 교회를 '그리스도의 몸'이라고 합니까?

그는 몸인 교회의 머리시라 그가 근본이시요 죽은 자들 가운데서 먼저 나신 이시니 이는 친히 만물의 으뜸이 되려 하심이요 골로새서 1:18

20 그의 능력이 그리스도 안에서 역사하사 죽은 자들 가운데서 다시 살리시고 하늘에서 자기의 오른편에 앉히사 21 모든 통치와 권세와 능력과 주권과 이 세상뿐 아니라 오는 세상에 일컫는 모든 이름 위에 뛰어나게 하시고 22 또 만물을 그의 발 아래에 복종하게 하시고 그를 만물 위에 교회의 머리로 삼으셨느니라 23 교회는 그의 몸이니 만물 안에서 만물을 충만하게 하시는 이의 충만함이니라 에베소서 1:20-23

3. 교회의 구성원은 누구입니까?

4 우리가 한 몸에 많은 지체를 가졌으나 모든 지체가 같은 기능을 가진 것이 아니니 5 이
와 같이 우리 많은 사람이 그리스도 안에서 한 몸이 되어 서로 지체가 되었느니라
로마서 12:4-5

4. 좋은 공동체의 특징은 무엇입니까?

1 그러므로 다윗이 그 곳을 떠나 아둘람 굴로 도망하매 그의 형제와 아버지의 온 집이
듣고 그리로 내려가서 그에게 이르렀고 2 환난 당한 모든 자와 빚진 모든 자와 마음이
원통한 자가 다 그에게로 모였고 그는 그들의 우두머리가 되었는데 그와 함께 한 자가
사백 명 가량이었더라 사무엘상 22:1-2

5. 건강한 공동체는 어떻게 만들어 갑니까?

1 믿음이 강한 우리는 마땅히 믿음이 약한 자의 약점을 담당하고 자기를 기쁘게 하지 아니할 것이라 2 우리 각 사람이 이웃을 기쁘게 하되 선을 이루고 덕을 세우도록 할지니라 로마서 15:1-2

---

6. 교회 공동체는 어떤 모임이 되어야 합니까?

13 그 때에 사람들이 예수께서 안수하고 기도해 주심을 바라고 어린 아이들을 데리고 오매 제자들이 꾸짖거늘 14 예수께서 이르시되 어린 아이들을 용납하고 내게 오는 것을 금하지 말라 천국이 이런 사람의 것이니라 하시고 마태복음 19:13-14

24 서로 돌아보아 사랑과 선행을 격려하며 25 모이기를 폐하는 어떤 사람들의 습관과 같이 하지 말고 오직 권하여 그 날이 가까움을 볼수록 더욱 그리하자

히브리서 10:24-25

7. 은사와 직분은 무엇입니까?

11 그가 어떤 사람은 사도로, 어떤 사람은 선지자로, 어떤 사람은 복음 전하는 자로, 어떤 사람은 목사와 교사로 삼으셨으니 12 이는 성도를 온전하게 하여 봉사의 일을 하게 하며 그리스도의 몸을 세우려 하심이라 에베소서 4:11-12

8. 하나님이 성도에게 주신 사명은 무엇입니까?

18 예수께서 나아와 말씀하여 이르시되 하늘과 땅의 모든 권세를 내게 주셨으니 19 그러므로 너희는 가서 모든 민족을 제자로 삼아 아버지와 아들과 성령의 이름으로 세례를 베풀고 20 내가 너희에게 분부한 모든 것을 가르쳐 지키게 하라 볼지어다 내가 세상 끝날까지 너희와 항상 함께 있으리라 하시니라 마태복음 28:18-20

주제 본문

사도행전 2:42-47

42 그들이 사도의 가르침을 받아 서로 교제하고 떡을 떼며 오로지 기도하기를 힘쓰니라 43 사람마다 두려워하는데 사도들로 말미암아 기사와 표적이 많이 나타나니 44 믿는 사람이 다 함께 있어 모든 물건을 서로 통용하고 45 또 재산과 소유를 팔아 각 사람의 필요를 따라 나눠 주며 46 날마다 마음을 같이하여 성전에 모이기를 힘쓰고 집에서 떡을 떼며 기쁨과 순전한 마음으로 음식을 먹고 47 하나님을 찬미하며 또 온 백성에게 칭송을 받으니 주께서 구원 받는 사람을 날마다 더하게 하시니라

1. 성령의 공동체인 교회는 오로지 경건 생활에 힘씁니다.

본문은 초대교회 공동체가 어떠했는지 이야기합니다. 초대교회는 주의 말씀을 듣고 회개하여 세례와 죄 사함을 받고 성령의 공동체가 되었습니다. 초대교회 성도들은 사도들의 가르침을 받았습니다. 사도들은 예수 그리스도의 가르침과 그분의 삶과 죽음 및 부활과 승천을 전했습니다. 또한, 지속적인 회개의 필요성과 그리스도를 통한 구원, 선물로 주겠다고 약속하신 성령 등을 가르쳤습니다. 성도들은 같은 신앙 안에서 함께 떡을 떼고 잔을 나누는 성찬을 통해 영적·정신적 교제를 나누고, 물질적으로도 서로 도왔습니다. 이렇게 말씀과 기도에 전념하며 질서정연하게 건강한 공동체를 세워 나갔습니다.

2. 교회는 기사와 표적의 공동체입니다.

초대교회에서 일어나는 부흥과 기적들을 실제로 목격한 사람들은 영적 두려움을 갖고 주님 앞으로 나아왔습니다. 사람들을 주께로 인도해야 하니까 하나님께서는 성령의 공동체에 신기하고 놀라운 일들이 계속 일어나게 하십니다. 문제가 잘 해결되는 것만이 기사가 아닙니다. 진정한 기사는 하나님을 만나 내 현재의 이유를 깨닫고 감사하게 되는 것입니다. 그러면 오직 말씀을 붙들며 살아가는 표적(表迹)의 삶을 살게 됩니다. 초대교회의 가장 큰 표적은 '유무상통'을 적용한 것입니다. 이는 자기 소유를 팔아 서로 나누고 모든 물건을 통용했다는 것입니다. 이 세상에서 돈만큼 가공할 만한 위력을 지닌 것은 없습니다. 그런데 적어도 이때만큼은 자기의 재물을 자기 것이라고 주장하는 자가 없었습니다. 이를 현대의 교회에 가져와 제도화할 수는 없겠지만, 재물을 내려놓고 서로 나누는 것은 성령의 공동체 안에서만 가능하다는 걸 보여 주는 예입니다.

3. 교회는 모이기를 힘쓰는 공동체입니다.

기사와 표적의 공동체가 되면 자연스레 모이기를 힘쓰게 됩니다. 창조주이신 하나님의 임재를 경험하고, 성령의 선물을 받아 부활의 주님을 나의 주님으로 영접한 사람은 이 땅에 대한 관심이 점점 사라집니다. 비록 몸에 밴 죄 때문에 회개할 것밖에 없는 인생일지라도, 죄 사함의 기쁨을 경험하여 알기에 예배를 사모하며 모이기에 힘쓰게 됩니다. 교회가 설레어서 가고 싶은 곳, 만나기를 간절히 사모하는 공동체가 됩니다. 또한 성전에 모이는 것에 더하여 집에서도 기쁨으로 모이게 됩니다(소그룹 예배).

4. 교회는 날마다 구원이 더해 가는 공동체입니다.

초대교회 교인들이 기쁜 일, 슬픈 일, 궂은일, 화나는 일에도 날마다 모이면서 하나님을 찬미하니까 온 백성에게 칭송받는 일이 일어났습니다. 그들을 보고 예수를 영접하여 구원을 받는 사람이 날마다 늘어났습니다. 본문의 바로 앞 말씀은 베드로의 오순절 설교문인데(사도행전 2:14-41), 이 설교를 듣고도 삼천 명이 돌이켜 예수를 믿었습니다. 내면이 성령으로 충만해지면 이처럼 외적으로도 충만해지게 마련입니다.

　그런데 간혹 교회에서 말씀의 가르침만 받고 교제와 성찬 등에는 참여하지 않는 사람이 있습니다. 가르침만 받고 나 홀로 믿는 사람은 신앙의 길에서 금세 퇴보하고 말 것입니다. 말씀 공동체에 접붙여져야 나의 생각과 마음과 가치관이 성장하고 성숙해집니다. 성령의 공동체에서 십자가 가르침을 잘 받고, 영육 간에 교제하며, 구원을 위해 내 것을 아낌없이 나누면 저절로 등경 위의 불이 되어 많은 사람을 비추게 될 것입니다. 예수를 믿지 않는 사람도 그 빛을 보고 따라오게 될 것입니다.

사도행전 2:42-47

'어찌할꼬'의 응답

서남경

제가 초등학생 때 아버지의 사업이 부도나면서 아버지에게 내연녀와 아들이 있다는 사실이 밝혀졌습니다. 아버지가 내연녀의 집으로 도망가신 후, 친정어머니는 저희 삼 남매를 키우느라 온갖 고생을 다 하셨습니다. 이후 대학에 들어간 저는 콩가루 같은 집안에다 열등감도 많은 저를 좋아해 주는 남편을 만났습니다. 하지만 어머니가 교제를 반대하자, 저는 가출하여 혼인 신고까지 하고서 시댁에 들어가 살았습니다. 그러던 어느 날 남편이 외도한 사실을 알게 되었습니다. 친정아버지가 가정을 버리고 간 악몽이 되살아나 죽을 것 같던 그때, 저는 주님을 인격적으로 만났습니다. 하지만 삶이 말씀으로 해석되지 않아 괴로운 시간을 보냈습니다.

그러다가 한 교회 소그룹 모임에 참석하게 되었습니다. 처음에는 각자의 죄를 고백하며 자신의 모든 것을 숨김없이 내놓는 지체들의 모습에 충격을 받고, '어떻게 저런 나눔을 할 수 있을까?' 싶었습니다. 저는 주님을 만났다고 하면서도 여전히 내 생각이 많아 그곳에서도 듣기 좋은 말만 골라 듣고, 남편의 죄만 고발하며 자기연민의 눈물만 흘렸습니다. 저의 지난날을 생각나게 하는 지체들의 고백에 '어찌할꼬' 하는 찔림은 있었지만, 교양과 체면 때문에 입이 쉽게 떨어지지 않았습니다. 그래도 어려운 고비를 넘기고 공동체에 속해 있었더니 차츰 말씀이 들렸습니다. 소그룹 리더의 가르침과, 서로 교제하고 떡을 떼며 각 사람의 필요를 따라 나눠 주는 지체들의 섬김을 통해, 저도 지금껏 살아온 날을 고백할 수 있는 힘과 용기가 생긴 것입니다(사도행전 2:42, 45). 그럼에도 결혼을 반대한 친정어머니를 무시하는 마음이 없어지지 않아 힘들었는데, 하루는 가출한 딸 때문에 힘들어하는 집사님의 이야기를 듣게 되었습니다. 그때 처음으로 '내가 가출했을 때 엄마의 마음이 저랬겠구나' 하고 깨달아졌습니다.

그리고 외도한 남편을 탓하며 자녀까지 두고 이혼하려 한 저와 달리, 자녀를 위해 헌신하신 어머니의 모습이 떠올랐습니다. 그러면서 제가 바로 그 어머니를 십자가에 매단 패역한 죄인임이 깨달아져 폭풍 같은 회개의 눈물을 흘렸습니다. 이후 어머니를 만나 저의 철없던 행동에 용서를 구하면서 관계가 회복되었고, 어머니께 공동체의 중요성을 말씀드리는 시간도 가졌습니다. 저에게는 이 모든 일이 기사와 표적이라는 생각이 듭니다(사도행전 2:43).

이제는 연약한 저를 부르신 주님의 은혜를 잊지 않고, 지체들과 서로 교제하고 떡을 떼며 기도하기에 힘쓰겠습니다(사도행전 2:42). 저의 모든 약재료를 내놓아 영혼 구원을 위해 살아갈 때, 아직 믿지 않는 남편과 자녀들을 주께서 구원으로 인도해 주실 줄 믿습니다(사도행전 2:47).

적용하기

- 힘든 사건이 찾아오면 내가 결정하기보다 교회 공동체에 묻겠습니다.
- 친정어머니와 일주일에 한 번 함께 큐티하며 기도하겠습니다.

 **돌아보기** Nursing 말씀으로 질문하고 생각하기

- 예수님의 다스림을 받고자 교회와 소그룹 모임에 잘 속해 있나요?
- 하나님이 내게 주신 은사는 무엇인가요? 그것으로 어떻게 공동체를 섬길 수 있을까요?

 **살아내기** Keeping 한 주간 적용하며 실천하기

내가 속해 있는 교회 공동체, 소그룹 모임에서 실천할 수 있는 작은 섬김이라도 찾아보고 한 주간 적용해 보세요.

성구 암송과 교리 요약

23 교회는 그의 몸이니 만물 안에서 만물을 충만하게 하시는 이의 충만함이니라
에베소서 1:23

교회는 세상에서 불러냄을 받고서 예수 그리스도를 구주로 고백하는 사람들의 모임입니다. 교회의 머리는 예수 그리스도이시며, 구성원인 한 사람 한 사람은 그분의 몸에 접붙여진 지체입니다. 교회 공동체는 남녀노소, 빈부귀천의 차별이 없습니다. 성도는 머리가 되신 그리스도를 중심으로 하나 됨을 위해 서로 연합하며 교제합니다.

성구 암송 및 과제

01 하나님은 어떤 분인가요?
 - 삼위일체 하나님

요한복음 1:1 태초에 말씀이 계시니라 이 말씀이 하나님과 함께 계셨으니 이 말씀은 곧 하나님이시니라

02 십자가는 누구를 위한 것인가요?
 - 예수 그리스도의 구속(救贖)

로마서 3:24 그리스도 예수 안에 있는 속량으로 말미암아 하나님의 은혜로 값 없이 의롭다 하심을 얻은 자 되었느니라

03 예수님을 믿는다는 것은 무엇인가요?
 - 믿음

요한복음 3:16 하나님이 세상을 이처럼 사랑하사 독생자를 주셨으니 이는 그를 믿는 자마다 멸망하지 않고 영생을 얻게 하려 하심이라

04 왜 하나님을 예배해야 하나요?
 - 예배

요한복음 4:24 하나님은 영이시니 예배하는 자가 영과 진리로 예배할지니라

05 왜 성경을 읽어야 하나요?
 - 말씀 묵상과 기도

디모데후서 3:16-17 모든 성경은 하나님의 감동으로 된 것으로 교훈과 책망과 바르게 함과 의로 교육하기에 유익하니 이는 하나님의 사람으로 온전하게 하며 모든 선한 일을 행할 능력을 갖추게 하려 함이라

06 왜 교회를 다녀야 하나요?
 - 성령의 공동체

에베소서 1:23 교회는 그의 몸이니 만물 안에서 만물을 충만하게 하시는 이의 충만함이니라

과제 : 6주간 들은 말씀을 바탕으로 나의 간증문을 작성해 보세요.

베드로가 이르되
너희가 회개하여 각각 예수 그리스도의 이름으로
세례를 받고 죄 사함을 받으라
그리하면 성령의 선물을 받으리니
사도행전 2:38

THINK 기초양육

초판 발행일 ┃ 2024년 5월 3일

개정 1쇄 ┃ 2026년 1월 30일

발행인 ┃ 김양재

편집인 ┃ 송민창

기획 ┃ 정정환

편집자문 ┃ 성승완 이성훈 정지훈

편집장 ┃ 정지현

편집 ┃ 김윤현 진민지 장승영

디자인 ┃ 디브로㈜ 정승원 문성경

발행처 ┃ 큐티엠

주소 ┃ 경기도 성남시 분당구 대왕판교로385번길 26, 2층 단행본 편집부 (우)13543

편집 문의 ┃ 031-606-3854 **구입 문의** ┃ 031-707-8781

팩스 ┃ 031-990-6935

홈페이지 ┃ www.qtm.or.kr **이메일** ┃ books@qtm.or.kr

인쇄 ┃ ㈜신우디앤피

총판 ┃ ㈔사랑플러스 02-3489-4300

ISBN ┃ 979-11-94352-22-8